Quelques informations sur la pratique
de la photographie animalière à partir d'un affût

En 1953, Albert Schweitzer écrivait en préface du livre du photographe naturaliste alsacien Henri Ulrich «Chasser sans tuer»: «Tu inities les êtres humains aux mystères de l'existence des êtres qui vivent inconnus d'eux, autour d'eux. Tu les amènes au respect de la vie, à la vérité des vérités que la raison, le cœur et l'expérience nous enseignent, à la vérité qui nous rend meilleurs…» Ces quelques mots sont l'essence même de cette activité que l'on nomme: photographie naturaliste.

Le photographe naturaliste a, avant tout, un rôle de témoin. Par son expérience, ses connaissances du terrain, de la faune et de la flore, son respect de la vie sauvage, il peut approcher les espèces animales les plus farouches et les plus dangereuses et les photographier avec un matériel de plus en plus performant. Il devient ainsi le témoin privilégié de scènes de la vie sauvage et de l'état de l'environnement dans lequel elle évolue.

Le photographe animalier essaye de capturer l'action, le comportement de l'animal au sein d'un biotope. Il essaye de le mettre en valeur dans son environnement en associant à la patience et à la maîtrise technique nécessaires à la réalisation de chaque photographie, une vision artistique. Pour réussir cela, la technique la plus utilisée est celle de l'affût. Elle permet au photographe d'opérer dissimulé à proximité des animaux, avec tout son matériel et parfois des vivres pour plusieurs jours.

Photographier à partir d'un affût demande souvent un travail de préparation considérable. Pour ne citer que l'exemple des ours bruns de Finlande, j'ai passé plusieurs mois sur le terrain pour connaître leurs habitudes, leurs déplacements. J'ai dû apprendre à lire le sol comme un livre ouvert et repérer le moindre indice qui pouvait m'aider. Puis un beau jour, j'ai su que je devais construire l'affût à un certain endroit. Il me restait alors à acheminer le bois et la toile nécessaires à sa construction, ainsi que les appâts, à travers des kilomètres de taïga et de marécages infestés d'insectes. J'y ai laissé beaucoup de sueur, mais, lorsque j'ai vu le regard émerveillé de mon neveu, Luc, qui découvrait son «premier» ours brun, j'ai été récompensé.

L'ours est un exemple. Il y en a d'autres. Il est important de bien connaître le comportement et la biologie des animaux que l'on veut photographier. Pour photographier certains oiseaux au nid, il faut du temps. Une semaine peut être nécessaire pour approcher progressivement l'affût près d'un nid de passereau nidicole qui nourrit ses petits.

Certains rapaces, comme le grand duc, peuvent nicher plusieurs années de suite aux mêmes endroits. L'affût doit être construit avant que l'oiseau ne s'installe pour pondre. Il peut être édifié pendant l'hiver qui précède la période de reproduction. Le photographe ne devra s'y rendre qu'après la naissance des jeunes. Il n'y pénétrera et n'en sortira que lorsque les adultes seront en chasse. Pour certaines espèces très farouches, comme le héron cendré, il est préférable que deux personnes rentrent dans l'affût. Seul restera le photographe ou l'observateur. L'autre s'en ira, trompant ainsi le héron qui verra, en ce bipède remuant, le danger qui s'éloigne.

La photographie naturaliste est une passion pour beaucoup d'entre nous. Elle nous ouvre les yeux sur un monde merveilleux, fragile et menacé et nous permet de pouvoir témoigner. Réussir un beau cliché, montrer des photos qui seront appréciées, faire un livre, bien sûr cela fait plaisir et, dans mon cas, cela me permet de vivre puisque j'en ai fait mon métier. Mais, par-dessus tout cela, il y a le plaisir égoïste, qu'aucune photo ne pourra traduire, le plaisir de partager quelques instants de la vie animale, de ressentir des émotions, des joies, des peines…

Philippe Henry

Avec nos remerciements à Charles Vidrin pour les photos des pages 6, 9(d), 14 et 45 (bd).
Toutes les autres photos de ce livre ont été prises avec du matériel Canon EOS1, EOS1N *et les optiques Canon* EF, *sur du film Kodak Ektachrome Panther et Kodachrome.*

Loi n° 49 956 du 16 juillet 1949 sur les publications destinées à la jeunesse: septembre 1996
Dépôt légal: septembre 1996
Imprimé en France par Mame à Tours

Philippe Henry

LUC DÉCOUVRE LA NATURE

Carnets d'un naturaliste en herbe

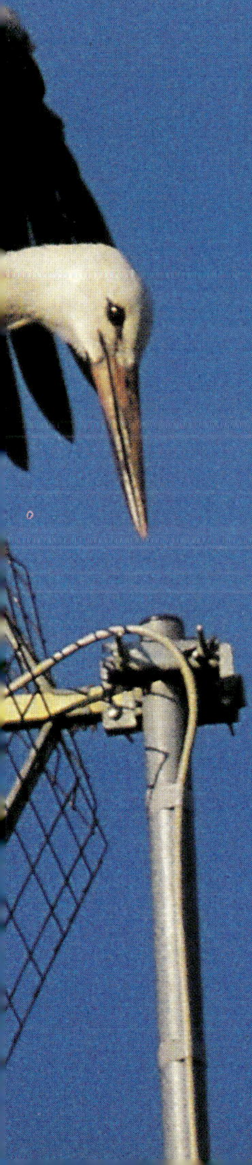

ARCHIMÈDE
l'école des loisirs
11, rue de Sèvres, Paris 6e

Chouette effraie avec sa proie. Page de droite : Pic noir (mâle) à l'entrée de son nid

J'HABITE UNE PETITE VILLE riche en espaces verts et jardins où je peux observer de nombreuses espèces animales. De la fenêtre de ma chambre, je vois les cigognes qui se perchent sur les toits et les antennes de télévision, les tourterelles qui se reposent sur la poutre d'une vieille maison.

À la nuit tombante, certains soirs, j'aperçois la chouette effraie qui regagne son nid avec une proie.

Au bord de la rivière toute proche, les petits ragondins viennent manger le pain que je leur apporte.

Ce que je préfère par-dessus tout, c'est partir, pendant mes vacances, avec mon oncle, qui est photographe naturaliste. Il m'emmène dans les grandes forêts européennes pour y découvrir la faune.

Avant chaque départ, il m'apporte des livres et des magazines qui décrivent le comportement des espèces que nous allons observer. J'y apprends beaucoup de choses intéressantes qui m'aideront à mieux comprendre ce qui se déroulera sous mes yeux.

Dans un carnet d'observation j'ai noté ce que j'ai vu de plus intéressant ces dernières années. J'ai aussi posé beaucoup de questions à mon oncle…

Dès le mois de février, dans les forêts jonchées de vieilles souches et de troncs en décomposition, où se développent mousses et champignons, les pics font résonner leurs tambourinements.

– Comment peuvent-ils faire autant de bruit ?

– Ils ont un bec très puissant dont ils se servent comme d'un instrument de percussion. Cela leur permet de communiquer entre eux et de marquer leur territoire.

Traces laissées par les pics. Tronc creusé par les pics. Photo de droite : Pic épeiche

– Les oiseaux ont des becs de formes différentes en fonction de leur alimentation. Celui des pics leur permet, non seulement de tambouriner, mais aussi de creuser le bois pour en déloger les insectes dont ils se nourrissent. Leur langue est enduite d'une salive visqueuse qui est un véritable piège pour les insectes lorsqu'elle pénètre dans leurs galeries.

Et, vois-tu, les pics laissent de nombreuses traces qui nous permettent de découvrir leur présence bien avant de les avoir vus ou entendus. Regarde, la base de ce pin a été creusée par le pic noir, le plus grand pic des forêts européennes, qui était à la recherche de fourmis noires.

Et cet arbre, là-bas, renversé par la tempête, c'est certainement le pic épeiche qui l'a creusé de cette façon.

Installation d'un affût pour la photographie des pics. Photo de droite : Pic-vert nourrissant son petit

Mon oncle avait à peine terminé sa phrase, que l'oiseau venait se percher sur un arbre proche de nous.

– Sais-tu que tous les pics creusent une loge (un nid) à quelques mètres de hauteur ? L'an passé, j'ai découvert une loge de pic-vert et j'ai installé un affût à l'aide d'une grande échelle, pour photographier les adultes qui nourrissaient les jeunes. Ceux-ci avaient tout le temps faim et étaient très bruyants lorsqu'ils réclamaient à manger.

AU PRINTEMPS, les grenouilles se rassemblent par centaines au bord des mares et des étangs, et pondent des milliers d'œufs qui s'agglutinent en masses gélatineuses.

– Écoute, elles coassent toutes en chœur.

Je me suis approché de l'étang et elles se sont enfuies.

– Ne bouge plus, tu vas voir qu'elles vont revenir.

Et bientôt de gros yeux globuleux ont refait surface.

Ponte de grenouilles

Grenouilles pendant la reproduction

– Chaque petite bille noire, que tu vois dans la masse transparente, donnera bientôt un têtard qui, après une fantastique métamorphose, deviendra une ravissante petite grenouille.

Elles aiment bien se chauffer au soleil mais plongent à la moindre alerte.

– Au bord de cet étang, quel est le plus grand danger qui les menace ?

Héron cendré

– Tu vois toutes ces branches mortes qui flottent à la surface de l'eau, ce sont les perchoirs préférés du héron cendré. C'est lui le mangeur de grenouille. C'est un prédateur très patient.

Pour ce pêcheur, les zones humides sont des milieux indispensables qui doivent être protégés. Il doit pouvoir y trouver sa nourriture en toute sécurité.

Héron cendré

J'ai observé qu'il pouvait rester de longues minutes immobile à guetter sa proie. Lorsqu'il a repéré une grenouille ou un poisson, il détend son long cou comme une flèche, l'attrape et l'avale. Puis il reprend sa marche silencieuse, le regard fixé sur la surface de l'eau.

Au printemps, on peut aussi observer ce bel oiseau dans les prairies inondables, lorsqu'il est à l'affût des petits campagnols, des musaraignes et des premiers insectes.

Héron cendré près du nid du grèbe huppé

Mon oncle m'avait dit que le héron mangeait aussi de jeunes oiseaux encore au nid, et je me rappelle que nous avons vu un grèbe huppé très en colère lorsqu'un héron s'est approché de son nid où les petits venaient de naître.

Le héron semblait très intéressé par les jeunes grèbes sans défense, mais, devant l'agressivité de l'adulte et malgré sa grande taille et son bec redoutable, il a préféré continuer son chemin vers des proies plus faciles à attraper.

Roselière

Au bord de l'étang aux grenouilles s'étend la roselière qui est une cachette idéale pour les oiseaux aquatiques. Au sein de cette végétation qui bruit au moindre souffle de vent, des espèces comme les râles d'eau et les marouettes poussins demeurent invisibles et ne trahissent leur présence que par leurs cris.

– Nous serons certainement surpris, à un moment ou à un autre, par un envol de canards, me dit mon oncle.

En fait de canards à l'envol, c'est un couple de colverts qui se pose devant nous et commence à barboter. Des gouttes d'eau jaillissent lorsque la cane secoue son plumage.

Colverts, femelle à gauche, mâle ci-dessus

– Pourquoi ne plongent-ils pas comme les autres canards ?

– Les colverts sont des canards de surface qui cherchent leur nourriture à une faible profondeur. Ils se nourrissent un peu à la manière des cygnes, en plongeant la tête sous l'eau. Les autres canards sont des canards plongeurs qui peuvent descendre à plusieurs mètres sous la surface de l'eau.

– Le plus coloré des deux, est-ce que c'est le mâle ?

– Oui. La femelle porte un plumage plus terne qui lui permet de bien se camoufler lorsqu'elle couve ses œufs et élève ses petits. Le mâle porte un beau plumage nuptial, mais cela ne dure pas. Tu verras que dès l'été il portera un plumage d'éclipse, semblable à celui de la femelle. Il sera alors, lui aussi, bien camouflé quand la mue du plumage l'empêchera de s'envoler.

AUJOURD'HUI, les forêts européennes sont bien différentes de ce qu'elles étaient il y a 5 000 ans. D'immenses étendues boisées de chênes, de hêtres et d'ormes barraient la route de l'homme qui commença à déboiser pour cultiver et construire.

À l'école, j'ai appris que nombre d'espèces animales avaient disparu devant l'avancée de l'homme et que d'autres s'étaient adaptées à la transformation de leur environnement, comme les sangliers dont je trouve de nombreuses traces dans la forêt. Ils creusent le sol pour y déterrer les racines, vers de terre et petits vertébrés dont ils sont friands.

Nous les avons vus du haut des grands miradors d'observation. Un petit marcassin est sorti du couvert forestier, aussitôt suivi de beaucoup d'autres et d'une laie (sanglier femelle).

– Ils vivent en famille, me dit mon oncle, les vieux mâles sont solitaires et ne fréquentent les laies que pendant la période de reproduction. Tu verras, si nous campons une nuit dans cette forêt, tu les entendras. Ils sont essentiellement nocturnes et très bruyants.

Les sangliers parcourent de longues distances à travers bois et champs. Leur peau, très épaisse, leur permet de traverser des broussailles aux épines acérées.

Du mirador, j'ai pu les observer lorsqu'ils se vautraient dans une mare de boue pour se débarrasser de leurs parasites.

Page de gauche, en haut: un marcassin, en bas: une laie (sanglier femelle). Luc découvre des traces laissées par les sangliers
Page de droite: Luc monte dans un mirador d'observation

La nature est un monde enchanté où se mêlent les odeurs, les couleurs et les cris des animaux. Nous nous approchons d'une grande prairie lorsqu'un bruit terrifiant me fait sursauter.

– N'aie pas peur, me dit mon oncle, c'est un cerf que tu entends. C'est l'annonce du début du brame, pendant lequel les cerfs vont former leurs hardes et se reproduire.

Un autre cerf répond dans le lointain. C'est tout de même très impressionnant.

Tout comme les laies, les biches vivent avec leurs jeunes en petites troupes. Les cerfs restent à l'écart seuls ou en groupes. Ce n'est que pendant la période du brame que les mâles dominants rassemblent les femelles et combattent tous les autres individus qui essayent de s'en approcher.

– Nous pouvons maintenant les voir. Regarde leurs bois, ce sont des armes redoutables qu'ils utilisent dans des combats qui peuvent être fatals.

– Est-ce qu'ils gardent leur couronne toute l'année ?

– Non, ces bois tomberont pendant l'hiver et seront à nouveau reformés pour la période de brame suivante. La chute des bois se produit également chez l'élan et le chevreuil qui est le plus petit représentant de la famille des cervidés en Europe.

Page de gauche: Cerf pendant le brame
Page de droite: Jeune biche

Le chevreuil a été le premier gros animal que j'ai observé depuis un affût que j'avais construit en lisière de forêt. Il est venu tout près de moi. Malheureusement, il y avait du vent et tout ce qui recouvrait l'affût s'est envolé. Le chevreuil s'est enfui.

Aujourd'hui, je sais construire un affût solide. Il doit être discret, se confondre si possible avec l'environnement. Tout ce qui le recouvre doit être solidement fixé. Rien ne doit bouger. Lorsqu'on photographie les espèces animales qui sont actives tôt le matin, il faut se mettre en place avant le lever du soleil et y rester de nombreuses heures.

Je n'ai pas encore la patience de mon oncle qui a passé plusieurs jours dans un affût sans en sortir.

J'aime la nature depuis que je suis tout petit. Les arbres et les fleurs qui composent le paysage autour de chez moi me sont familiers. J'aime leurs couleurs, leurs odeurs et je connais le nom de presque toutes les espèces.

Page de gauche : Affût installé pour photographier les chevreuils et chevreuil femelle. Ci-dessus : Sceau de Salomon

J'ai appris que là où le sol convient, les graines germent et les plantes s'installent. Année après année, les fleurs, les fruits, les feuilles et les tiges qui meurent et se décomposent créent un milieu propice à la croissance d'autres plantes.

En hiver, des réserves accumulées dans leurs racines ont permis aux végétaux de vivre au ralenti. Dès le printemps, la sève circule à nouveau et le sol, éclairé par le soleil, se couvre de plantes comme le magnifique sceau de Salomon avec ses délicates petites fleurs blanchâtres.

– La végétation des sous-bois héberge de nombreux insectes qui, en été, représentent 80% de la faune forestière. Sais-tu qu'ils sont une source de nourriture très importante pour les oiseaux insectivores? Regarde cette bergeronnette qui se pose à la cime du sapin; elle est spécialisée dans la capture des petits insectes. Son bec fin et pointu lui permet de les attraper facilement.

Page de gauche : Insectes en vol et bergeronnette grise (en bas). Ci-dessus : Chat sauvage

Nous regardons tout cela depuis l'intérieur d'un affût. Mon oncle a l'habitude d'y venir pour observer les chats sauvages.

Ces petits félidés sont très proches des grands félins, comme les lions. Ils ont une denture et des mœurs apparentées à celles des seigneurs de la brousse.

– En voilà un ! Quelle chance ! Il est très rare de pouvoir l'observer en plein jour, car c'est un chasseur nocturne. Jusqu'à présent, je l'ai toujours observé à la tombée de la nuit. Regarde, il se couche sur une grosse pierre chauffée par le soleil.

Il est à une cinquantaine de mètres de notre affût et je peux l'observer avec mes jumelles.

Soudain, il se lève et disparaît dans la forêt.

Une ombre se dessine au sol. Un gros oiseau se pose sur une roche, à mi-hauteur de la falaise. Il se retourne et observe notre affût avec insistance.

– C'est un grand duc, me dit mon oncle, il nous a certainement déjà repérés. Son ouïe très développée lui permet de localiser avec précision la provenance des sons.

– Il a fait peur au chat sauvage. As-tu vu à quelle vitesse il a décampé ?

Le hibou grand duc est le plus puissant des rapaces nocturnes d'Europe. Il affectionne les zones rocheuses parsemées d'éboulis et de broussailles. Son vol est silencieux. Sa proie a peu de chance de lui échapper.

Il s'est posé près de son nid, très difficile d'accès, dans les rochers qui surplombent le vide. Le plumage des jeunes qui sont nés en mai est presque complet.

– Celui qui entraîne ses ailes, sur le bord de la grosse pierre, a encore des touffes de duvet sur le corps. Dès l'âge de dix semaines il pourra s'envoler.

Page de gauche : Hibou grand duc
Page de droite : Jeune hibou grand duc

– Il y a un an de cela, dit mon oncle, j'ai vu un lynx qui descendait du haut de la falaise. Il est passé tout près de l'endroit où nous avons vu le chat sauvage. Il s'est assis sur une souche, a longuement léché sa fourrure, puis il est reparti. Depuis je ne l'ai pas revu.

Les lynx mènent une vie secrète. Après une journée passée à l'abri d'un rocher ou d'un arbre renversé, dès le crépuscule, ils partent en chasse. Ils se rapprochent lentement de leur proie et déclenchent l'attaque à quelques mètres de distance. Au menu, des lièvres, lapins, chevreuils et chamois.

Je n'ai malheureusement jamais pu observer de lynx dans son milieu naturel. C'est un animal trop farouche.

Pour les voir, mon oncle m'a emmené dans un grand parc animalier de la forêt de Bavière où ils vivent en semi-liberté dans d'immenses enclos.

Page de gauche : Lynx femelle et son petit. Au-dessus : Lynx

Ces grands parcs n'ont rien de comparable avec les zoos où les animaux sont prisonniers dans des cages de quelques mètres carrés. Dans ce parc bavarois, ils ont un endroit pour eux où ils peuvent se mettre à l'abri du regard des visiteurs. Chaque année, il y a des naissances.

Les femelles mettent bas dans une tanière installée sous des rochers. Les petits naissent en mai et sont allaités pendant plus de deux mois. Ils aiment beaucoup jouer avec leurs frères et sœurs.

Ils resteront avec leur mère jusqu'à l'année suivante, puis partiront à la recherche d'un territoire.

– Les petits entendent déjà les bruits les plus faibles. Ils deviendront bientôt, eux aussi, des chasseurs de la nuit.

J'AI APPRIS dans un magazine de nature que, pendant l'automne 1992, deux loups avaient été observés dans le parc national français du Mercantour. Depuis, de nombreux indices de présence permettent d'affirmer que les loups s'y sont bien installés. Ils ne sont pas encore très nombreux, mais ils sont là et cela me réjouit. Je pourrai peut-être aller les observer là-bas, comme j'ai pu le faire dans le parc italien des Abruzzes.

Au coucher du soleil, un grand loup est resté sur un rocher qui dominait la plaine. Il a regardé quelques instants dans notre direction avant de repartir. Son regard m'a fait froid dans le dos. Et pourtant, je sais bien que le loup n'est jamais agressif envers l'homme, sauf celui des contes et des dessins animés qui finit toujours par s'enfuir, la queue entre les jambes.

Page de gauche : Loup
Ci-contre : Loup

Castor construisant sa digue de retenue des eaux

DANS LE NORD DE L'EUROPE, les paysages sont très différents. Mon oncle m'a emmené dans les forêts qui s'étendent près du cercle polaire arctique et qui sont parsemées de lacs et de marécages. Ces voyages dans le Grand Nord sont ceux que j'ai préférés, et j'ai rempli là-bas de nombreuses pages de mon carnet d'observation, en particulier sur les castors qui sont très actifs la nuit.

Mais, sous ces latitudes, les nuits sont très claires. Le soleil ne se couche pas pendant de longues semaines, et j'ai pu les observer lorsqu'ils coupaient des branches pour bâtir leur hutte et les barrages de retenue d'eau.

– Ce sont des travailleurs acharnés, dit mon oncle, et ce n'est pas sans raison. Avant l'arrivée de l'hiver, par exemple, ils passent beaucoup de temps à consolider leur barrage. Le

Hutte de castor

niveau de l'eau doit être assez élevé, afin que les castors aient suffisamment d'eau libre, sous la glace qui se formera, pour pouvoir nager et aller chercher leur nourriture.

– Qu'est ce qu'ils mangent ?

– Ils aiment les écorces et les feuilles de tremble, de bouleau, de saule, les tiges épaisses des plantes aquatiques, les racines. Au printemps, lorsqu'ils cherchent leur nourriture sur la berge, ils peuvent se prendre dans le piège d'un trappeur ou être la proie d'un loup affamé. Ils n'ont pas la vie facile.

Le plus gros barrage que j'ai vu devait mesurer presque deux mètres de haut et plus d'un mètre de large. Il servait de pont à de nombreux animaux qui voulaient traverser l'étang.

Tétras-lyre

AU PRINTEMPS, autour de l'étang aux castors, résonnent les chants des tétras-lyres. Ce sont des roucoulements accompagnés de : « Tchou iischt… tchsou chii… tschou chee… »

Les mâles mettent leur beau plumage bien en évidence pour attirer les femelles qui choisissent les plus vaillants afin de perpétuer l'espèce. Ils chantent par terre ou perchés sur un arbre.

– Les plumes de leur queue ressemblent à une lyre, c'est pour cela qu'on les appelle les tétras-lyres.

Un soir, nous nous sommes installés dans un affût pour observer ces oiseaux. Auparavant nous avons aidé un photographe à construire le sien. Il a d'abord installé une petite structure métallique sur un plancher en bois, puis il a recouvert le tout d'une toile étanche et d'un filet de camouflage.

Le matin suivant, il nous a dit qu'il avait passé une nuit très inconfortable. Je voulais bien le croire, car il était très grand et son affût était tout petit.

Construction d'un affût pour observer des oiseaux

SAIS-TU QUEL EST L'ANIMAL nordique le plus gourmand ?

J'ai tout de suite répondu : « L'ours ? »

– Non !

– Le renard, le loup ?

– Non, c'est le glouton. Il est tellement gourmand qu'on lui a choisi ce nom-là. Et il lui va très bien. En Amérique du Nord, on l'appelle le carcajou. Il entre dans les huttes des pêcheurs, en démolissant les murs en bois, pour dévorer les poissons et les provisions.

– Il doit être très fort pour casser un mur en bois.

– Il est doué d'une force colossale. Il creuse les rondins de bois avec ses puissantes pattes antérieures armées de griffes redoutables. Contrairement à de nombreux prédateurs qui pourchassent leur proie, le glouton chasse à l'affût. Installé sur une branche, il attend le gibier et se laisse tomber sur le dos de sa victime.

C'est un animal qui grimpe aux arbres et qui court très vite. Lorsque les petits garrots à œil d'or sautent du nid, ils doivent se dépêcher de rejoindre l'étang où les attend leur mère, car le glouton est sans cesse en quête de nourriture. S'il les voit, il les croque.

Page de gauche : Glouton.
Ci-contre : Jeune garrot à œil d'or après sa sortie du nid

Mon meilleur souvenir de vacances passées avec mon oncle, c'est lorsqu'il m'a emmené observer les ours bruns, près de la frontière russe. Une année auparavant, j'étais déjà venu là pour l'aider à construire un affût qui ressemblait à une petite cabane.

– Nous l'installons longtemps à l'avance, m'avait dit mon oncle, pour que les ours s'habituent à sa présence. Pendant que tu seras à l'école, en France, je reviendrai ici pour déposer un peu de viande afin d'attirer les ours à cet endroit. Mais, tu sais, ils ne viendront peut-être pas.

J'étais sûr du contraire et impatient de revenir.

Aujourd'hui, dans l'affût, mon oncle m'a bien recommandé de parler tout bas et de faire attention à ne rien laisser tomber par terre.

– Les ours viennent ici depuis le printemps. Ils sont toujours attentifs et très méfiants. Le moindre bruit inhabituel les fera décamper et on ne les reverra pas pendant plusieurs jours. Tu vois, j'ai même complètement insonorisé mon appareil photo.

– Est-ce qu'il y a un danger ?

– On ne peut jamais prévoir le comportement d'un ours, mais je ne pense pas qu'il vienne démolir notre affût. Tout au plus viendra-t-il tourner autour avant d'aller se nourrir. C'est à ce moment-là qu'il faudra veiller à ne faire aucun bruit.

Je ne suis pas rassuré du tout. Finalement, pendant une nuit durant laquelle la pluie n'arrête pas de tomber, des bruits bizarres nous réveillent. Mon cœur bat fort et voilà bien un bruit que je ne peux pas faire cesser.

– Dehors il y a un gros ours, me chuchote mon oncle. J'ai reconnu les bruits que font ses larges pattes lorsqu'elles s'enfoncent dans le sol imprégné d'eau de la tourbière.

Je sors de mon sac de couchage et regarde à travers une ouverture.

L'ours est aux aguets. Longtemps il reste immobile. Sa large tête et son corps puissant se dessinent clairement sous le soleil de minuit.

Il s'approche de notre affût et je me mets à trembler. J'ai un peu peur, mais la présence de mon oncle me rassure. Il est très calme et attend que l'ours s'éloigne pour commencer à photographier.

L'ours prend le vent et hésite un instant avant d'aller se nourrir.

Je suis sûr qu'il sait que nous sommes à l'intérieur. J'ai l'impression d'être dans une boîte de conserve que l'ours pourrait ouvrir très facilement.

En haut à gauche : Installation dans l'affût pour photographier les ours.
Ci-dessus : Luc observant les ours bruns. Page de droite : Ours brun

Page de gauche : Ours brun. Ci-dessus : Ours bruns. Ci-contre : Trace d'ours brun

Un peu plus tard, depuis un affût installé dans un arbre, je peux voir deux ours se battre. Je suis alors bien content d'être installé à dix mètres de hauteur. Le premier ours était là depuis dix minutes lorsque le second est arrivé et s'est mis à souffler très fort en plaquant ses oreilles en arrière. Ils se sont rués l'un sur l'autre. C'était très impressionnant. J'ai même entendu claquer leurs mâchoires. Mon oncle était très heureux de pouvoir photographier cette scène.

Lorsque, après un voyage, je rentre en France, je retrouve, dans les livres et les magazines, les photos prises par mon oncle. Ce sont des souvenirs inoubliables de rencontre avec la grande faune. En hiver, mon oncle part pour des régions où il fait souvent très froid. Il me laisse toujours du matériel avec lequel je peux construire des affûts pour observer les oiseaux. Il me suffit alors d'emboîter des tubes pour avoir une petite structure que je recouvre d'une toile et d'un filet de camouflage.

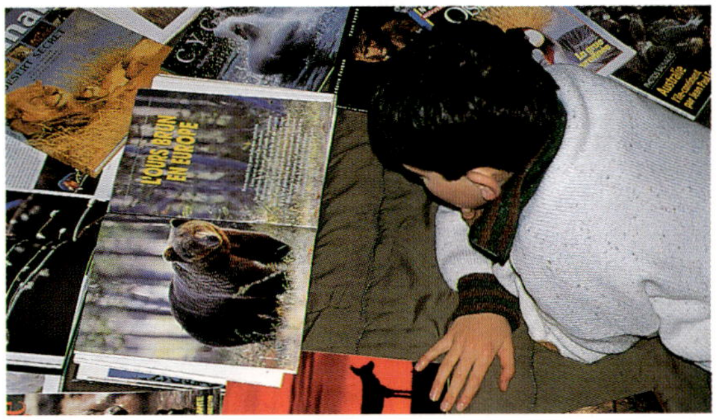

J'installe une mangeoire à quelques mètres et n'attends jamais bien longtemps les oiseaux.

Les moineaux, les verdiers et les mésanges sont les plus nombreux. De temps en temps, un gros-bec fait son apparition. Son énorme bec lui permet d'ouvrir facilement les graines des tournesols.

Double page : Moineaux. À gauche, en haut : Verdier, au milieu : Mésange bleue, en bas : Gros-bec casse-noyaux.
Page de droite, en haut : Pic épeiche, en bas : Fouine dans un grenier.
Double page suivante : Goéland cendré

Le pic épeiche n'est jamais loin. Il se régale de la graisse que je dépose dans des petits trous creusés dans un vieux tronc. Ces oiseaux ont tous un plumage qui leur sert d'isolation parfaite pendant l'hiver. Ils ont même un nombre de plumes plus élevé que pendant l'été. Ils mangent beaucoup et conservent leur énergie en évitant de trop remuer.

Quand la température est très froide, je reste à la maison.

Dans la grange remplie de foin, une fouine a trouvé un abri. Dans la forêt toute proche, les jeunes lynx passent leur temps à se chamailler, bien protégés par une épaisse fourrure… Ils devront, eux aussi, trouver de la nourriture pour survivre au rude hiver.

Index
(en *italique* est indiquée la page où se trouvent les photos)